日本列島見て歩こう

小樽から鹿児島まで名所旧跡100選

小板橋　武

随想舎

はじめに

およそ十年をかけて、日本全国を見て歩いた。ある時は電車に乗り、ある時はバスに乗り、また、ある時にはタクシーに乗ってあちこちを見て歩いた。そして、日本には、素晴らしい所がたくさんあることを実感した。

それらを大別すると、
一、美しい風景
二、歴史の舞台となった場所
三、偉人の旧居や記念館
四、城
五、橋や建物
などである。

日本には、風景の美しい所はたくさんあるが、特に印象に残った所をあげれば、高松の屋島、宮崎の堀切峠、北九州の和布刈公園など、他にも無数にある。

歴史の舞台となった所は、平泉、鶴ヶ城、飯盛山、屋島、壇ノ浦などだ。

偉人の旧居や記念館には、感動がたくさん詰まっている。伊能忠敬記念館、御木本幸吉記念館、シーボルト記念館など、日本にはたくさんの偉人の旧居や記念館があり、それらを見ると、やはり心を打たれるものがたくさんある。

日本には、あちこちにたくさんの城が残されている。どの城もみんな美しい城ばかりである。城はもともと戦いのために造られたものだが、そればかりではない。武士の心の美しさも表現しているのだと思う。

姫路城はその代表であろう。じっと眺めていると、そのことがよく分かる。また、昔の人の建築技術の素晴らしさにもただただ感嘆させられる。

お城の近くには、たいてい武家屋敷があって、それぞれの個性があってとても面白い。

橋で最も美しいのは岩国の錦帯橋だろう。この建築技術にも驚かされる。

日本には、素晴らしい宝物がたくさんある。およそ十年間の旅で、そんなことをしみじみ感じた。

日本列島 見て歩こう

小樽から鹿児島まで名所旧跡１００選

目次

日本列島 見て歩こう

小樽から鹿児島まで名所旧跡１００選

旧日本郵船（小樽）

私の旅は、北海道小樽から始まった。小樽には、明治や大正に建てられた建物がたくさん残されていて、とても魅力的な街だった。

それらの中で、私が最も興味をひかれたのは、旧日本郵船の建物である。旧日本郵船の建物は、明治三十九年（一九〇六）に建てられたそうだ。外から見ると、特別変わったところもなく、普通の建物に見えるが、中に入ってみて驚いた。そこには、明治時代の事務机が整然と並んでいて、気が引き締まるような気持ちになった。まるで、明治時代に戻ったような錯覚を覚えた。

また、二階には、日露戦争の時に、日本の代表の人とロシアの代表の人が会議した部屋が、そのままの形で残されていた。そしてさらに、カラフトにあった日本とロシアの境界の石も保存されていた。

旧日本郵船の建物には、明治時代の空気がたくさん残されている。そんな感じがする建物だった。

小樽運河（小樽）

次に、小樽運河を訪ねた。小樽運河は、小樽の中でも特に人気の観光スポットである。特に、若者に人気があるようだ。私が訪ねた時にも、大勢の若者たちやカップルなどで、とてもにぎわっていた。

小樽運河は、大正三年から九年をかけて造られたそうだ。長さは千三百メートルほど、幅は四十メートルの運河である。当時は、北海道開拓の玄関として物資を運ぶために、たくさんのはしけが走っていた。とてもにぎわっていたそうだ。

小樽運河には、特別変わったものがあるわけではない。古い倉庫と運河とそれに散策路があるだけである。それなのに、なぜか雰囲気があるのはなぜなのだろう。散策路には、ガス灯の形をした街灯がある。これが雰囲気をつくっているのかもしれない。とにかく、ただ歩いているだけで楽しくなる。小樽運河はそんな所だ。近くには、ガラス工芸の店もあってとても楽しかった。

鰊御殿と古代文字（小樽）

次に、小樽の鰊御殿を見学した。鰊御殿は、海が見える高台に建っている。とても眺めがよい所だ。

鰊御殿は、木造建築でとても大きな建物だ。明治三十年（一八九七）に建てられたそうだ。網元の住居と作業場を兼ねた建物である。

中へ入ると、まるで体育館のように広い部屋があった。ここで漁師たちは、どんな仕事をしていたのだろうか。元気のいいやん衆たちの声が聞こえてくるような気がした。

次に、古代文字を見学した。古代文字は、薄暗い洞窟の中にあった。中へ入ると、暗い壁の表面に、ぼんやりと確かに文字のようなものが描かれている。何という文字か読むことは出来ない。案内者の説明によると、ロシアの方にもこれと同じようなものがあるということだ。だから、昔は日本とロシアは陸続きになっていたのだと言っていた。

はるかに鰊御殿を望む

北海道庁旧本庁舎（札幌）

次に、札幌を訪ねた。札幌では、初めに北海道庁旧本庁舎を見学した。北海道庁旧本庁舎はとても大きな建物で、力強く、圧倒的な迫力で迫ってきた。北海道庁旧本庁舎の建物は、明治二十一年（一八八八）に建てられたそうだ。アメリカ風、ネオ・バロック様式の建物で、国の重要文化財になっているのだ。約八十年間、北海道開拓の行政の中心となっていた建物だそうだ。

北海道庁旧本庁舎の建物は、赤レンガの美しい建物である。それは本当に素晴らしい建物だった。とにかく大きい。ただ単に、大きさが大きいというのではない。建物のどこかに大きな力がひそんでいて、それが強い力で迫ってくるような感じなのだ。

威風堂々という言葉があるが、それは正に、この建物にぴったりの言葉だと思った。明治の人の気概というようなものが、ひしひしと伝わってくるようなそんな建物だった。

さっぽろ羊ヶ丘展望台（札幌）

次に、さっぽろ羊ヶ丘展望台を訪ねた。さっぽろ羊ヶ丘展望台は、広々として見晴らしがよく、とても気持ちのよい所だった。空がとても大きく見えた。

さっぽろ羊ヶ丘展望台は、昭和三十四年（一九五九）に、北海道農業試験場の一部を観光用として造ったものだそうだ。

ここからの眺めは、とても素晴らしい。遠くに、札幌の街がよく見える。札幌ドームの屋根もよく見えた。

ここには、クラーク博士の大きな銅像が立っている。大空に手を広げて、いかにも堂々とした姿である。

クラーク博士は、アメリカ、マサチューセッツの農科大学長であったが、明治九年（一八七六）に、日本政府の招きで来日し、札幌農学校の教頭として奉職されたのだった。「ボーイズ・ビ・アンビシャス」は、彼が帰国する時、見送りに来た生徒たちに言った言葉だそうだ。

札幌市時計台と大通公園（札幌）

次に、札幌市時計台を見学した。札幌市時計台は、札幌市のシンボルでもある。今は、周りに大きな建物がたくさんできたために、あまり目立たないが、歴史ある建物だ。

札幌市時計台の建物は明治十一年（一八七八）に建てられ、時計は明治十四年（一八八一）に付けられたそうだ。時計台の建物は、今は資料館になっていて、札幌農学校時代の貴重な資料がたくさん展示されている。中でも、クラーク博士の筆跡はとても素晴らしかった。

次に、札幌の大通公園を訪ねた。大通公園は細長い公園だ。幅はおよそ百メートルほど、長さは一・五キロメートルの公園だ。中には、きれいな噴水のある池や美しい花壇があり、彫刻作品などもあって、とても楽しい公園だ。

また、公園の中には、さっぽろテレビ塔があって、そこに上ると、高さが九十メートルの展望台から、札幌の市街を展望することが出来る。

札幌市時計台

函館山（函館）

次に、函館を訪ねた。函館は、エキゾチックな街である。あちこちに洋館が建っていて、街の雰囲気が作られている。路面電車に乗ると、街のあちこちの風景を見ることができてとても楽しい。

初めに、函館山に登った。函館山は夜景がきれいなことで有名だが、昼間の風景も素晴らしい。高い山の上から眺める大海原は、本当に気持ちがいい。遠くの海から吹いてくる潮風は、とても爽やかだ。眼下に、函館の街がよく見える。小さな小さな家々の風景だ。何て素晴らしい景色だろう。

夜景はさすがに美しい。まっ暗な中に、函館の街の灯が、宝石をちりばめたように輝いて見える。この夜景は、ナポリ、香港と並び、世界の三大夜景の一つと言われているそうだ。

函館山の標高は、三百三十三メートルである。ロープウェイで登る途中の景色も素晴らしい。純白のハリストス教会の眺めはとても美しかった。

立待岬とトラピスチヌ修道院（函館）

次に、函館の立待岬を訪ねた。立待岬、何というロマンティックな名前だろうか。立待岬は、函館山のふもとにある。風の音が爽やかだ。波の音が穏やかだ。立待岬は、風光明媚な海岸である。

また、この辺りは、石川啄木がこよなく愛した風景だそうだ。大森海岸の曲線がとても優しく穏やかだ。海岸の途中に、啄木の座像がある。啄木は、今何を考えて座っているのだろうか。

次に、函館のトラピスチヌ修道院を訪ねた。トラピスチヌ修道院は、明治三十一年（一八九八）に建てられたそうだ。歴史のある建物である。現在も修道女たちが、厳格な規則を守って生活しているという。敷地内に入った瞬間、心が引き締まるような気持ちになった。庭の隅々まで掃き清められていたせいだろうか。大きな純白のマリア様の石像が立っている。じっと見ていると、心が自然に清められるような気持ちになった。

三内丸山遺跡（青森）

次に、青森の三内丸山遺跡を訪ねた。三内丸山遺跡は、九州の吉野ヶ里遺跡と並んで、日本で最も大きな遺跡といってよいだろう。三内丸山遺跡は、青森市の南西約四キロメートルのところにある。南に八甲田山、西に岩木山を望む広々とした台地である。三内丸山遺跡は、約五千五百年ほど前の遺跡である。そして、千五百年間も続いた遺跡だそうだ。

遺跡の中で一番目立つ建造物は、大型掘立柱建物跡だ。いったい、何に使われたものだろうか。柱の太さは、直径が二メートルもあったというから、驚いてしまう。

こんな大きな木材を、古代の人は、どうやって運んだのだろうか。また、こんな大きな柱を、どうやって地面に立てることが出来たのだろうか。三内丸山遺跡は、考えると不思議なことばかりである。

三内丸山遺跡

棟方志功記念館（青森）

次に、青森を訪ねた。青森はねぶたの街である。ねぶたというと、棟方志功が頭に浮かんでくる。棟方志功がねぶたを踊っている姿である。棟方志功は、青森の生んだ世界的な版画家だ。

早速、棟方志功記念館を訪ねてみた。棟方志功記念館は、青森駅からバスで十五分ばかりの所にある。あまり大きな記念館ではないが、館内には、代表作の「釈迦十大弟子」や「大和し美し」などの他に、たくさんの作品が展示されていて、圧倒されるばかりだった。

棟方志功は、明治三十六年（一九〇三）に青森県で生まれた。そして、裁判所の給仕として働いていた時に、友人から、ゴッホのひまわりの絵を見せられ、とても感動して、わだばゴッホになる、と言って絵を描き始めたのだった。初めは油絵を描いていたが、後に版画に転じ、数々の傑作を残したのだ。

記念館へ入れば、彼がいかに偉大な版画家であったかがよく分かる。

平野政吉美術館（秋田）

次に、秋田を訪ねた。秋田では、初めに平野政吉美術館を訪ねた。平野政吉美術館は、千秋公園の入口にある。千秋公園は、佐竹氏が居城とした久保田城の跡である。

平野政吉美術館は、平野政吉氏が生涯をかけて収集した作品を展示した美術館だ。小さい美術館だがとても見ごたえがある。

中でも、藤田嗣治の作品が素晴らしい。「秋田の行事」という作品だ。高さが三・六五メートル、幅が二十・五メートルの作品だ。このキャンバスは、世界で最も大きなキャンバスだそうだ。圧巻である。

藤田は、この絵を、約一週間ほどで描きあげたそうだ。大きな倉の中で描いたそうだ。それにしても、藤田はなぜ秋田で絵を描いたのだろうか。不思議である。二十メートルの絵には、竿燈、梵天などの秋田の行事や雪景色などが描かれている。まるで、祭りの太鼓の音が聞こえてきそうな絵だ。

角館武家屋敷（角館）

次に、角館の武家屋敷を訪ねた。全国に武家屋敷と呼ばれるものはたくさんあるが、角館の武家屋敷は独特の雰囲気に包まれている。武家屋敷というよりも、むしろ大名屋敷という感じがする。そのくらい豪壮なのだ。

角館武家屋敷は、江戸時代に、芦名家と佐竹家によって造られた町だそうだ。しだれ桜の老木が、町の雰囲気をかもし出しているのだ。町全体が、森閑とした空気に包まれていて厳粛な感じである。

角館出身の洋画家に、小野田直武という人がいる。一般にはあまり知られてはいないが、「解体新書」の表紙を描いた人といえばよく分かる。小野田直武は、平賀源内に洋画を習い、日本西洋画の画風を生み出した人である。

角館武家屋敷は、みちのくの小京都と呼ばれているそうだ。山間の静かな田園地帯に、ここだけ京文化の卓越した一帯があるのが、何とも不思議でたまらない。この武家屋敷には、今でも子孫の方が住んでいるのだそうだ。

角館武家屋敷

寒風山（秋田）

次に、寒風山を訪ねた。寒風山は秋田県男鹿半島のつけ根の所にある。ＪＲ男鹿線脇本駅で降りるとすぐ近くだ。

寒風山は、標高が三百五十五メートルの山だが、周囲にさえぎるものが何もなく、眺望は最高に素晴らしい。三百六十度の展望だ。眼下に、八郎潟がよく見える。

八郎潟は、干拓前は琵琶湖に次ぐ大きな湖だったが、今は干拓によって、広い広い水田が広がっている。

また、この辺りは、なまはげの行事でも有名な所である。なまはげは、この男鹿半島で、毎年小正月に行われる行事なのだ。仮面、仮装した若者が家々を訪ね、大声を出してあばれ回り、子供をおどろかすのである。この種の行事は、全国に見られるそうだが、なぜか、この男鹿半島のなまはげが有名である。

寒風山は、名前のとおり、とても風が強い所だった。

石川啄木記念館（岩手県旧渋民村）

次に、岩手県旧渋民村（現玉山村）にある石川啄木記念館を訪ねた。旧渋民村は、自然が美しい所である。姫神山の風景は、とても優しく穏やかだ。啄木の感性は、この美しい自然に育まれたものかもしれない。

石川啄木は、明治十九年（一八八六）岩手県岩手郡日戸村の常光寺に生まれ、翌年、旧渋民村にある宝徳寺に引っ越し幼年時代を過ごしたのだった。小学校の時は神童といわれ、盛岡中学校に入ってから金田一京助と知り合い、文学の道へ進むようになったのだ。その後、小学校の代用教員をやったり、新聞記者などにもなったりした。

記念館には、原稿や写真などの他に、啄木が代用教員の時に使ったオルガンも展示されていた。また、記念館の隣には、啄木が代用教員をしていた小学校の校舎が保存されている。そしてまた、その隣には小さな公園があり、「やわらかに柳あおめる北上の岸辺目に見ゆ泣けとごとくに」の歌碑が立っている。

宮沢賢治記念館（花巻）

次に、花巻の宮沢賢治記念館を訪ねた。宮沢賢治記念館は、新幹線新花巻駅の近くの胡四王山《こしおう》の中腹に建っている。ここは、宮沢賢治がよく散策した場所だそうだ。

宮沢賢治は、明治二十九年（一八九六）岩手県花巻町に生まれた。生家は花巻の名家であったが、苦しい農民の生活と自分の家の繁栄に疑問を抱くようになった。

大正四年（一九一五）に盛岡の高等農林学校に入り、地質や肥料の研究をするかたわら、熱心な日蓮宗の信者でもあった。その後、農学校の教師となったが四年ほどで教師を辞め、農民の相談相手となったのだ。その時の建物が、羅須地人協会として今も残されている。とてもおもむきのある建物だ。

記念館に入って、まず目につくのが、賢治が愛用したチェロだ。原稿もたくさんあった。中でも「雨ニモマケズ」の原稿は、感動を覚える。

高村山荘（花巻）

次に、花巻にある高村山荘を訪ねた。高村山荘は、彫刻家であり詩人でもあった高村光太郎が七年間住んだ家である。

高村光太郎は、明治十六年（一八八三）東京に生まれた。父は、彫刻家の高村光雲である。東京美術学校に在学中から「明星」に短歌を発表したりしていたが、欧米に留学してから詩を書くようになった。

大正三年（一九一四）に、詩集「道程」を出版し、また、この年長沼智恵子と結婚し、詩集「智恵子抄」が生まれることになるのである。

高村山荘は、静かな林の中にある。それは、家というよりは、むしろ粗末な小屋という感じのものである。光太郎は、ここで、たった一人で、七年間も孤独に耐え、自然に溶け込んだ生活をしていたのだ。

高村山荘は、最も粗末なみすぼらしい小屋だが、そこには、光太郎の気高い精神が満ちあふれ、最も崇高な場所となっているのだ。

遠野（岩手）

次に、遠野を訪ねた。遠野は民話の古里である。のどかな田園風景の中のあちこちに、さまざまな民話の舞台が点在しているのだ。

遠野にはたくさんの民話があるが、中でも有名なのが「ざしきわらし」「おしらさま」「かっぱの話」などだ。

ざしきわらしは、十二・三歳くらいの小さな子供で、時々姿を現すのだそうだ。ざしきわらしは、男の子の時もあるし、女の子の場合もあるという。ざしきわらしは、旧家や名家の家に出ることが多いそうだ。

おしらさまは、若い娘が、馬に恋をする話である。昔、貧しい農家に、父と娘の二人で住んでいた。娘は飼っていた馬の世話をしているうちに、愛情が移り、恋仲になってしまうという話である。

遠野に、かっぱ淵という川がある。本当にかっぱが出てきそうな雰囲気がただよっているからとても不思議だ。

中尊寺金色堂と毛越寺（平泉）

次に、平泉の中尊寺金色堂を訪ねた。金色堂は、大きな薄暗い杉木立の中に光り輝いていた。

中尊寺は、慈覚大師が創建したものを、藤原清衡が二十一年の歳月をかけて建立したものだそうだ。最盛期には、堂塔や僧坊などたくさんの建物があったが、今は金色堂を残して、ほとんどなくなっているのだ。

金色堂は、天仁元年（一一〇八）に起工し、十六年もかけて完成したものだそうだ。金色堂は、約五メートルほどの小さな建物だが、全体に金箔が張られ、象牙、七宝、夜光貝などの螺鈿細工で飾られていてとても美しい。

毛越寺は、二代目の藤原基衡が着手して、三代目の藤原秀衡が完成させたものだそうだ。当時は堂塔が四十も建っていたというから、さぞかし素晴らしい景観だったことだろう。しかし、今は、当時の建物はなく、美しい庭園だけが残っているのだ。この庭園を見ていると、当時の華やかな様子が目に浮かぶ。

霞城公園（山形）

次に、山形の霞城《かじょう》公園を訪ねた。霞城公園は、山形城の跡に造られた公園である。山形城は斯波兼頼《しばかねより》が最初に築いたものを、後に、最上義光《もがみよしあき》が立派なものに造り直したものだそうだ。当時は、三重の堀に囲まれたとても立派なお城だったが、現在は、二の丸の堀と石垣だけになっている。しかし、二の丸大手門が復元されていて、往時を偲ぶことができる。重量感があるとても立派な門である。

最上義光は天文十五年（一五四六）に生まれ、山形城を本拠として活躍した武将である。初めは、豊臣秀吉に服属していたが、関ヶ原の戦いでは東軍に属し、戦功をあげ、五十七万石の大名になったのだ。

霞城公園のすぐ近くに、最上義光歴史館が建てられている。館内には、最上義光に関する資料が数多く展示されている。中でも、長谷堂合戦図屏風や義光が戦場で使ったとされる鉄の指揮棒などが見物だ。

文翔館（山形）

次に、山形の文翔館を訪ねた。文翔館はとても美しい建物である。ヨーロッパの建物が、なぜここにあるのだろうと思った。

文翔館は、旧山形県庁舎の建物である。恐らく、日本で一番美しい県庁舎ではないだろうか。

文翔館は、前の建物が焼失した後に、大正五年（一九一六）に、イギリス・ルネッサンス様式を基調として建てられたものだそうだ。

文翔館は、左右対称になっていて、とても落ち着いた感じになっている。外観が美しいばかりではなく、内部の造りも立派だ。

建物の中心に時計塔がある。この時計塔は、札幌の時計台に次いで、日本で二番目に古いそうだ。

この時計は、ゼンマイではなく、二十五キロの重りが下へ下がる力を利用して動いているのだそうだ。

斎藤茂吉記念館（上山）

次に、上山の斎藤茂吉記念館を訪ねた。奥羽本線に、茂吉記念館前という駅がある。小さな駅だ。そこを降りて少し歩くと、小高い丘に出る。ここはとても景色のよい所だ。明治天皇が御行幸をされた所なのだ。斎藤茂吉記念館は、このみゆき公園の中に建っている。とても静かな記念館だ。

斎藤茂吉は、明治十五年（一八八二）に山形県に生まれた。アララギ派の歌人である。本業は医師だが、歌人としても名高い。「あらたま」「ともしび」などは彼の代表歌集である。

斎藤茂吉記念館には、原稿や写真などをはじめ、さまざまな資料で、茂吉の生涯が分かりやすく説明されている。

記念館の近くに、斎藤茂吉の生家があるというので行ってみた。斎藤茂吉の家は、ごく普通の農家だったが、なぜか、特別な感慨が感じられた。

斎藤茂吉記念館

青葉城跡（仙台）

次に、仙台の青葉城跡を訪ねた。青葉城跡は、ＪＲ仙台駅からバスでおよそ三十分ばかりの所にある。今はお城はないが、小高い丘になっていてとても眺めがよい。眼下に仙台の街が広がってよく見える。

青葉城は、伊達政宗が慶長七年（一六〇二）に築いた城だ。伊達政宗は、永禄十年（一五六七）に米沢に生まれた。天正十年に家督を継ぎ、会津の葦名氏を滅ぼして、東北地方の南部一帯を治めたのだ。

慶長七年（一六〇二）仙台に城を築き、六十二万石の大名となった。そして慶長十三年（一六〇八）には、支倉常長をローマ教皇に派遣して、海外貿易にも力を入れたのだった。伊達政宗はまた、茶、和歌、能などをたしなむ文化人でもあったそうだ。

青葉城跡は、広々とした公園になっている。ここにあった城は、どんなに壮大であったことだろう。伊達政宗の立派な銅像が仙台平野を見下ろしている。

松島と瑞巌寺（宮城）

次に、松島と瑞巌寺を訪ねた。松島は、芭蕉が「奥の細道」で、扶桑第一の好風にしておよそ洞庭・西湖を恥じずと絶賛した風景である。大小さまざまな島々が無数に浮かぶ風景は実に美しい。船に乗って眺める風景もよいが、山に登って上から眺めた風景は本当に素晴らしかった。

瑞巌寺は、松島の海岸のすぐ近くにある。大きな杉木立に囲まれた静かな参道を歩いて行った所が瑞巌寺だ。

瑞巌寺の開山は、およそ千二百年ほど前で、慈覚大師によるものだそうだ。そして、現在の建物は、慶長九年（一六〇四）に伊達政宗が自ら縄張りをしておよそ十年をかけて造ったものだそうだ。

参道を進んで行くと、重要文化財の中門があり、右手には、国宝の庫裏があり、さらに進んだ所に国宝の方丈がある。方丈はとても大きな建物で、中には狩野派の襖絵がある。

月の浦（石巻）

次に、石巻の月の浦を訪ねた。月の浦はサン・ファン・バウティスタ号が出港した港である。サン・ファン・バウティスタ号は、支倉常長が欧州へ行った船だ。慶長十八年（一六一三）支倉常長は、伊達政宗の命によってこの港を出発し、メキシコ・スペインを経てローマに着き、バチカン宮殿でローマ法王パウロ五世に会って政宗の親書を渡したのだ。

そして七年後、この月の浦に帰ってきたのだった。しかし、その時、日本はキリシタンを厳しくとりしまる時代になっていた。出港した頃には、大勢の人に見送られたのに、帰ってきた時にはひっそりとしていたのだろうか。

今、月の浦に支倉常長の銅像が建っている。静かな港をじっと見て立っている。何を考えているのだろうか。

常長は、スペインで洗礼を受け、帰国後も信仰を守ったそうだ。

飯盛山（会津若松）

次に、会津若松の飯盛山を訪ねた。飯盛山は、白虎隊が自刃した場所である。白虎隊は、十代の少年たちで編成された部隊だそうだ。こんな若い少年たちが、なぜ、ここで自刃しなければならなかったのだろうか。

慶応四年（一八六八）新政府軍は、三千の兵を率いて会津にのり込んできた。会津藩の侍たちは、これと勇敢に戦ったが、最新の武器を持った新政府軍には勝てなかった。

白虎隊の少年たちも、最前線に立ち勇敢に戦ったが、新政府軍の反撃にあい、敗走することになった。少年たちは、戸の口原の洞門をくぐって、飯盛山へ行ったのだった。

ところが、飯盛山へ行ってみると、鶴ヶ城の方に煙が上っているのを見て、城が落ちたと思い込み、落胆して自刃してしまったのだった。

あまりにも純真な少年たちの心に、ただただ感動させられてしまう。

鶴ヶ城（会津若松）

次に、会津若松の鶴ヶ城を訪ねた。鶴ヶ城は、芦名直盛が至徳元年（一三八四）に築城し、その後文禄二年（一五九三）に蒲生氏郷によって整備された城である。

鶴ヶ城といえば、すぐに戊辰戦争のことが頭に浮かんでくる。戊辰戦争鶴ヶ城の戦いは、慶応四年（一八六八）の八月から九月にかけて行われたそうだ。とても激しい戦いだった。武士や女性や子どもを含めて、約五千人の人がこの城に籠城したそうだ。官軍は、山の上から一か月間大砲を撃ち続けたのだった。そして、慶応四年の九月二十二日、会津軍は降伏し戦いは終わったのだった。お城の壁は、砲撃によって穴だらけになったが、建物は何とか持ち堪えたのだった。その後、明治政府によって城は壊され、今の城は、昭和になって再建されたものだそうだ。

数々の歴史を秘めて建っているこのお城は、本当に美しい。

鶴ヶ城

野口英世記念館（福島）

次に、福島県猪苗代町の野口英世記念館を訪ねた。野口英世記念館は、黄熱病の研究に身を捧げた偉大な医学者野口英世の業績を紹介するために造られた記念館である。

野口英世は、明治九年（一八七六）福島県に生まれた。家は貧しい農家だった。農繁期に、家族が外で仕事をしていた時に、いろりに落ちてやけどをしたのだった。そして、指がくっついて動かなくなり、みんなから、てんぼう、てんぼうと悪口を言われたのだった。

その後、医師、渡部鼎によって手術が行われ、指が動くようになったのだ。この時の経験によって、英世は、医学の尊さを知り、医者になる決意をしたといわれている。

記念館の敷地内に、生家も保存されている。英世がやけどをしたいろりも、そっくり残されている。

佐渡金山（佐渡）

次に、新潟港からジェットフォイルに乗って佐渡へ渡った。約一時間ほどで佐渡へ着いた。

佐渡といえば金山である。早速、相川の宗太夫《そうたゆう》坑へ行ってみた。宗太夫坑は佐渡で最も良質の金を産出した坑道だそうだ。今は人形を使って、鉱石を掘る当時の様子を再現し、一般公開しているのだ。

宗太夫とは、この坑道を受け負った人の名前である。坑内には狭い坑道が縦横に掘られ、周囲の壁は、油煙でまっ黒になっている。その中に、電動でしゃべる人形がいて、かつての仕事の様子がよく分かるように再現されているのだ。湿気を含んだ狭い坑道で働く当時の工夫たちの労苦が、生々しく伝わってくる。隣接する金山資料館では、金を製錬する様子が、ミニチュアで再現されている。

こんな苦労をしながらここで働く人たちは、いったいどんな人たちだったのだろうか。とても複雑な気持ちになってしまった。

大膳神社能舞台（佐渡）

次に、佐渡の大膳神社にある古い能舞台を見学した。佐渡は能楽が盛んな所である。あちこちに能舞台が残されている。

佐渡で能楽が盛んなのは、世阿弥が佐渡へ流されたことと関係があるのだろうか。世阿弥は、室町時代の能楽大成の中心人物である。三代将軍足利義満には特別かわいがられていたが、六代将軍足利義教からは弾圧を受け、七十歳で佐渡へ流罪となっているのだ。

真野の妙宣寺の近くに、大膳神社という小さな神社があり、そこに古い能舞台が残されている。茅ぶき屋根の小さな能舞台だ。周りに人影はなく、静かな所にぽつんと建っている。

ここでは、毎年地域の人たちが、みんなで協力し合って能を演じているそうだ。とても素晴らしいことだと思う。豪華な能舞台で演じる能もいいが、こういう所で演じられる能もまた格別である。

大膳神社能舞台

真野宮（佐渡）

次に、佐渡の真野宮を訪ねた。真野は順徳上皇が流された所だ。承久の乱に破れた後、ここ真野に幽閉されたのだった。その住居だった所が、今は、真野宮として公園になっているのだ。

順徳上皇は、父の後鳥羽上皇と共に討幕の挙兵をしたが、破れて佐渡へ流されたのだった。そして、二十一年間を佐渡で過ごしたそうだ。

百人一首の最後の歌「ももしきや古き軒端《のきば》のしのぶにもなほあまりある昔なりけり」は、順徳上皇が詠んだ歌である。

真野宮のすぐ近くに、佐渡歴史伝説館がある。ここでは、順徳上皇、日蓮、世阿弥などについて、ジオラマを使って分かりやすく説明されている。いずれも佐渡へ流された人たちである。中でも、順徳上皇の生涯を見ると涙が誘われてしまった。

真野はとても静かな所だ。しかし、静けさの中に深い歴史があったのだ。

東照宮（日光）

次に、日光の東照宮を見学した。東照宮には、江戸時代の文化の頂点がいっぱい詰まっているのだ。

まず、石鳥居から見ていこう。これは、黒田長政が元和四年（一六一八）に奉納したものだ。使われている石は、福岡県産の花崗岩だそうだ。次に、五重塔がある。これは、福井県小浜藩主、酒井忠勝が慶安三年（一六五〇）に建立したものが焼失した後、その子孫の忠進によって再建されたものだそうだ。中に心柱が入っている。神厩《しんきゅう》には、有名な猿の彫刻がある。これは、猿の一生を描いたものだが、人の生き方を説いたものでもあるのだ。陽明門には、江戸時代の工芸技術のすべてが使われているのだ。恐らく、日本で最も美しい門ではないだろうか。東照宮の中心となる建物は本社である。本社は、拝殿、石の間、本殿の三つに分かれている。いずれも重厚で重々しく、威厳に満ちている。江戸時代には、将軍や大名しか入れなかった部屋に、今は観光客が入れるのだ。

前橋文学館と敷島公園（前橋）

次に、群馬県前橋市にある前橋文学館を訪ねた。街の中に広瀬川が流れている。小さい川だが、水量が豊かで趣がある。川の両岸に散歩道ができていて、ところどころに文学碑が建てられている。

その川のほとりに、文学館が建っている。中には萩原朔太郎に関する資料がたくさん展示されている。

萩原朔太郎は、明治十九年（一八八六）に群馬県に生まれた詩人である。前橋中学から旧制六高に入学したが、途中でやめて詩作に没頭した。

やがて北原白秋に認められ、室生犀星と同人雑誌「感情」を創刊した。詩集「月に吠える」や「青猫」を発表した。

この文学館から少し先へ行った所に、敷島公園という公園がある。ここは松林の自然林でとても珍しい公園だ。とても風情がある。この公園の中に、萩原朔太郎の生家が保存されている。こじんまりした清楚な家だ。

前橋文学館界隈

足利学校（足利）

次に、栃木県足利市の足利学校を訪ねた。足利学校は、日本で一番古い学校だそうだ。いつ頃できたのか、はっきりとは分かっていないが、奈良時代、平安時代、鎌倉時代などの説がある中で、室町時代に、関東管領であった上杉憲実《のりざね》が今のようなきちんとした学校にしたことが分かっているのだ。

学校へ入って行くには、入徳門、学校門、杏壇門と、三つの門をくぐって行くのだ。杏壇門を入ると、正面に孔子廟がある。孔子廟には、孔子の像と小野　篁《たかむら》の像がある。小野篁は、平安時代の学者であり、歌人であり、官僚でもあった人だ。

フランシスコ・ザビエルは、足利学校を「日本国内で最も大にして最も有名な大学」として世界に紹介したそうだ。

足利学校の庭園や建物の中を歩いたら、どこからともなく、孔子の教えが聞こえてくるような気がして、身がひきしまるような気持ちになった。

偕楽園（水戸）

次に、水戸の偕楽園を訪ねた。偕楽園は、日本三名園の一つである。偕楽園は梅の名所でもある。偕楽とは、みんなで楽しむという意味だそうだ。殿様だけが楽しむのではなく、一般の人も楽しむということだろうか。

偕楽園を造った人は、水戸の九代藩主徳川斉昭である。斉昭は、自分で構想を練り、この偕楽園を造ったのだそうだ。

斉昭は、弘道館を設立したり、兵制を改革したりして藩政改革に優れた功績をあげたが、幕府と意見が合わず、弘化元年（一八四四）に謹慎を命じられたのだ。その後謹慎を許されて幕政に参加したが、大老井伊直弼と対立し、安政の大獄で処罰を受けたのだった。

偕楽園には、百種類もの梅が三千本も植えてあるそうだ。園内には、好文亭と呼ばれる建物がある。早春の頃、梅の匂いをかぎながら、この建物の二階の窓から眺める景色は素晴らしい。

五浦海岸（茨城）

次に、五浦海岸を訪ねた。五浦海岸は、茨城県の北の端、福島県との境にある。風光明媚な所である。この五浦海岸にとても変わった建物がある。六角堂だ。六角堂は海岸に突き出た岩の上に建てられた六角形の小さな建物である。ガラス張りになっていて、波の音を聞きながら海を眺めることができるようになっているのだ。

この六角堂を造った人は、日本美術の発展に貢献した岡倉天心だ。岡倉天心は、文久二年（一八六二）神奈川県に生まれた美術行政家、思想家である。東大在学中にアメリカの美術家フェノロサの影響を受け、美術に進んだのだった。卒業後は、文部省に入り、美術行政に活躍した。

その後、東京美術学校の校長になり、横山大観などの多くの逸材を育てたのだった。

岡倉天心は、この六角堂の部屋に座り、海を眺めて何を考えたのだろうか。

五浦海岸

喜多院（川越）

次に埼玉県川越市を訪ねた。川越は、江戸情緒の残る街である。蔵造りの建物がたくさん残されていて、とても楽しい。

その川越に、喜多院というお寺がある。喜多院は、天海僧正が住職を務めたお寺である。天海僧正は、徳川家康の深い信頼を受けた人である。その関係で喜多院には、江戸城にあった建物が移築されているのだ。

移築された建物はとても大きなもので、部屋がたくさんある。ただ大きいというだけではなく、部屋のあちこちに歴史が残されているのだ。

徳川三代将軍家光が誕生した部屋が、そっくりそのまま残されているのだ。また、家光の乳母であった春日局がいた部屋も残されている。

喜多院は、建物ばかりではなく、庭も素晴らしい。自然の山をうまくとり入れた珍しい庭園である。春、桜の季節に眺めた庭は本当に美しかった。

伊能忠敬記念館（佐原）

次に、千葉県佐原市の伊能忠敬記念館を訪ねた。佐原市は、江戸情緒の残る街である。川が流れている。柳の木が風になびいている。川の両岸には、明治、大正の建物がたくさん残されている。

ここに、伊能忠敬の家と記念館がある。忠敬は、十八歳の時に酒造業を営む家に養子に入り、熱心に仕事に励んでいたが、五十歳になると、子供に家業を譲り、それから暦法や測量術を学んだのだった。

そして、寛政十二年（一八〇〇）に、幕府の命令で北海道の測量をしたのだ。そしてさらに、十八年をかけて、日本全国の測量をして地図を作ったのだ。

記念館には、忠敬の作った地図が展示されている。その隣には、人工衛星が写した日本国の写真も展示されている。それを比較すると、忠敬の作った地図がいかに正確かがよく分かる。記念館には、忠敬が使用した測量器具も展示されている。それは複雑な機械ではなく、木製の簡単な道具のようなものだった。

日本橋と東京駅（東京）

次に、東京の日本橋を訪ねた。日本橋は、日本の中心にある橋である。最初の日本橋は、徳川家康によって、慶長八年（一六〇三）に造られたそうだ。現在の橋は、明治四十四年（一九一一）に造られたそうだ。重量感のあるとても立派な橋だ。

橋のたもとに、里程元標というものがある。東海道、中山道、日光街道、奥州街道、甲州街道などの起点を示すものだ。

次に、東京駅を訪ねた。東京駅は、日本の玄関である。東京駅は日本一大きい。東京駅は、日本一美しい駅である。

東京駅は、大正三年（一九一四）に辰野金吾の設計で建てられたものである。それから約百年の年月が流れた。その間にどんな出来事があったのだろうか。関東大震災や東京大空襲など、さまざまなことをのり越えてきたのだ。さまざまな歴史をのり越えて、きょうもまた、あわただしく人々が行き来している。

ペリー記念館（久里浜）

次に、神奈川県久里浜のペリー記念館を訪ねた。今からおよそ百六十年ほど前に、嘉永六年（一八五三）に、ペリーが初めて日本に上陸したのがこの久里浜の海岸だった。

その時、日本中が大騒ぎになった。なんとかして、外国の勢力を排除しようとしたのだった。しかし、結局黒船の威力に負け、開国せざるをえなかったのだ。だが、その時、ペリーはこう言ったそうだ。「日本人は、優れた民族である。将来文明国に追い付き、強力な競争相手となるだろう」と。

それから百六十年ばかりが過ぎ、日本は今経済大国となり、世界の先進国と肩を並べているのだ。

今、久里浜の海岸はあまりにも静かだ。その静かな海岸に、ペリー記念館が建っている。そこには、ペリー自筆の手紙など、当時のさまざまな資料が展示されている。近くに、ペリー上陸記念の大きな記念碑も建てられている。

武田神社（甲府）

次に、甲府の武田神社を訪ねた。武田神社は、武田信虎、武田信玄、武田勝頼が住んだ館跡にある。周囲に堀はあるが、普通の城とは全く違って平坦地である。武田神社は、武田信玄を祀った神社である。武田信玄は、大永元年（一五二一）甲斐の国に生まれた。天文十年（一五四一）に父信虎を追放し、諏訪、小笠原、村上氏を倒し、信濃を手中におさめた。その後、上杉謙信と対立し、川中島で戦ったのだった。

武田信玄は、学問を好み、「甲州法度」を制定したり、また、新田開発や治山、治水などにも努力したのだった。

武田神社の境内には、宝物館があり、そこには、武田家で使用されていた武具などが展示されている。鎧がたくさん並んでいる様子を見ていると、戦国時代のことが甦ってきた。

浜松城（浜松）

次に、静岡県の浜松城を訪ねた。浜松城は、それほど大きな城ではない。大阪城や名古屋城に比べたら、はるかに小さい城だ。

浜松城は、徳川家康が元亀元年（一五七〇）に築いた城である。家康は、この城に、二十九歳から十七年間滞在したそうだ。その間戦いの連続だった。そして、ほとんど勝ち戦ばかりだったが、一度だけ負け戦の時があったそうだ。それは、武田信玄と戦った三方ヶ原の戦いだった。

しかし、家康は、この時の負け戦の経験を教訓として、後々の戦いに生かしたのだった。家康は、この負け戦の時の自分の姿を肖像画にして、いつも持ち歩いていたという。この肖像画が、今この浜松城に飾られているのだ。

現在の浜松城は鉄筋コンクリート造りだが、石垣は築城当時のもので、野面積みと呼ばれ、頑丈にできているのだそうだ。

浜松城は、あまり観光客は多くはないが歴史の刻まれた名城である。

旧開智学校（松本）

次に、長野県松本市の旧開智学校を訪ねた。旧開智学校は、日本一古い小学校である。そしてまた、日本一美しい学校である。角形のドームを屋根に載せた白い壁の校舎は、本当に美しい。現代の小学校と比べても、決して劣らないほど立派な建物である。

旧開智学校は、明治九年（一八七六）に建てられた。そして、昭和三十八年（一九六三）まで実際に使われていたのだ。明治、大正、昭和と移りゆく時代の教育が同じ校舎で行われていたことは、本当に素晴らしいことだと思う。旧開智学校は、形が美しいばかりでなく、内容もまた素晴らしい学校なのだ。

校舎の中へ入って驚いた。階段の板がものすごくすり減っているからだ。明治、大正、昭和と、いったい何万人の生徒に踏まれたのだろうか。これは正に長い歴史が刻み込まれた階段だと思った。

旧開智学校の目の前には松本城がそびえていて、とてもよい風景だった。

旧開智学校

懐古園（小諸）

次に、小諸市の懐古園を訪ねた。懐古園は、小諸城の跡である。小淵沢から小海線に乗って少し走ると、車窓に八ガ岳のパノラマが見えてくる。小諸は、小海線の最終の駅である。小海線は、高原の風がとても爽やかだった。

小諸といえば、島崎藤村の「千曲川旅情の歌」が思い出される。懐古園には、島村藤村記念館がある。

島崎藤村は、明治五年（一八七二）に長野県に生まれた。明治学院を卒業して、北村透谷とともに雑誌「文学界」を創刊して文学活動に入ったのだ。明治三十年（一八九七）に、詩集「若菜集」を発刊し、次に、「一葉舟」や「落梅集」などを刊行し、その後、小説を書くようになった。「破戒」「夜明け前」などが代表作である。

藤村記念館には、写真や書簡などがたくさん展示されていた。懐古園からは千曲川が眺められた。とても穏やかな水の流れだった。

金岡邸（富山）

次に、富山の金岡邸を見学した。金岡邸は、昔の薬屋さんである。いわゆる越中富山の薬屋さんだ。昔は、どの家にも、毎年富山の薬屋さんがやってきた。どの家にも置き薬があって、その時、飲んだ薬の代金を払う仕組みになっていたのだ。

この富山の薬屋さんの大本が金岡邸だったのだ。ここでは薬を作る道具や薬を作る工程が展示されていて、とても興味深い所だった。

富山の薬屋さんは、重さが二十キロもある柳行李を背負って、毎日二十キロもの道のりを歩いて行商していたそうだ。

富山の薬屋さんは、ただ薬を売るだけではなく、おまけに風船をくれたり、芝居絵をくれたり、各地の名所絵を配ったりして情報を伝えたりもしたそうだ。

金岡邸の母屋は豪壮な建物である。大広間から日本庭園を眺めていると、とても心が落ち着いた。

越中八尾（富山）

次に、富山の越中八尾を訪ねた。富山からＪＲ高山本線に乗って五つめの駅が越中八尾である。

越中八尾といえば、おわら風の盆がすぐに思い浮かんでくる。何と哀調を帯びた調べだろうか。毎年風の盆の季節には、日本全国から大勢の人がこの街にやってくるのだ。そして、身動きが出来ないほど、街中が混雑するのだ。おわら風の盆は、日本中のどこにもない独特な踊りだ。何とも寂しげで愁いがある。

他の地域では、盆踊りはみんな明るい調子のものが多いのに、この地区だけなぜこんな寂しげなメロディができたのだろう。

越中八尾は、風の盆で有名だが、普段の時も、独得の雰囲気が感じられる街なのだ。普段の時の越中八尾は、とても静かだ。あまり人影も見られないくらいだ。しかし、なぜかとても懐かしい感じがする。穏やかで、郷愁が感じられる。越中八尾は、日本の道百選にも選ばれているそうだ。

金沢城（金沢）

次に、金沢城を訪ねた。金沢城は、佐久間盛政が、天正八年（一五八〇）に築城したものを、後に、前田利家が修築し、金沢城と改名したものだそうだ。

前田利家は、天文七年（一五三八）に尾張の国に生まれた。天文二十年（一五五一）に織田信長に仕え、永禄三年（一五六〇）に、桶狭間の戦いで今川義元を破り、次に、柿川の戦い、長篠の戦い、石山戦争などで功をたて、信長の命令で、近江長浜城主、越前府中城主、能登七尾城主などを務めた。信長の死後、賤ケ岳の戦いで豊臣秀吉に味方し、豊臣家の全国統一のために働いた。文禄二年（一五九三）秀吉によって、宇喜多秀家、毛利輝元、上杉景勝、徳川家康と共に、五大老に選ばれ、秀吉の死後は豊臣秀頼を補佐した。

金沢城は、一般の他の城に比べると、少し違った感じがする。門の形が違うのだ。石川門と呼ばれるこの門は、とても上品な感じがする。また、お堀はとても豪快だ。深さがあって、とても美しい。

金沢武家屋敷（金沢）

次に金沢の武家屋敷を訪ねた。金沢の武家屋敷は、とても上品で品格のある街である。道を歩いていると、とても心が落ち着くのだ。

黄土色の土壁の色が何とも素晴らしい。高い塀になっていて、中にどんな家があって、どんな人が住んでいるのか全く分からない。どの家にも、とても立派な人が住んでいるのだろうと想像してしまう。

前田利家に仕えていた家来の子孫が住んでいるのだろうか。お茶の先生、お琴の先生、そんな人が住んでいるのかもしれない。

そんなことを考えながら、私は、行ったり来たり、何度も何度もこの道を歩いた。

この道は、刀を差した侍たちが、何度も何度も歩いた道だ。馬に乗った侍たちも、何度もこの道を走り抜けたことだろう。

いつまでも、いつまでも歩いていたい。金沢の武家屋敷はそんな所だ。

金沢武家屋敷

兼六園と成巽閣（金沢）

次に、金沢の兼六園と成巽閣を訪ねた。兼六園は、金沢城のすぐ近くにある。兼六園は、日本三名園の一つである。兼六園は、一人の人が造ったのではなく、何代にも亘って殿様たちが造ったそうだ。初めに、五代藩主綱紀が瓢池を造ったのが始まりで、十一代斉広、十三代斉泰と何代にも亘って造られたのだそうだ。年数にすると、百六十年もかかったとか。

兼六園で不思議なのは、小高い丘の上に池があるということだ。この水は、いったいどこからくるのだろうかと、とても不思議になってしまう。いずれにしても、兼六園は、純日本的な落ち着きのある庭園である。

成巽閣は、兼六園のすぐ隣にある。成巽閣は、十三代藩主斉泰が、母の隠居所として建てたものだそうだ。それにしても豪華な隠居所である。一階は武家書院造、二階は数寄屋風書院造りになっている。技術をこらした大きな部屋にいると、心が大きくなるような気がした。

永平寺（福井）

次に、福井の永平寺を訪ねた。永平寺は、およそ七百七十年ほど前の寛元二年（一二四四）に、道元禅師によって開かれたお寺である。

道元は、正治二年（一二〇〇）に生まれた。曹洞宗の開祖である。道元は、十三歳で出家し、比叡山に入った。しかし、当時の天台宗に満足できず、臨済宗の永西やその弟子の明全に学んだ。

そして、貞応二年（一二二三）に、明全と共に宗へ渡り、天童山の如浄に会って悟りを開いた。安貞元年（一二二七）に帰国し、京都の建仁寺に入ったが、僧団の腐敗に落胆し、京都の深草に閑居した後、永平寺を創建したのだ。彼の主著は「正法眼蔵」であり、その思想は「只管打坐《しかんたざ》」である。

永平寺は、山の斜面にあり、周囲は大きな杉の木に囲まれ、いかにもお坊さんが修業するのにふさわしいお寺である。ぞうきんで磨きぬかれ、ぴかぴかに光った廊下を歩いたら、自然に気が引き締まってきた。

一乗谷（福井）

次に、福井県の一乗谷を訪ねた。一乗谷は、福井市街の南東約十キロメートル程の所にある。一乗谷はとても不思議な所だ。今からおよそ四百年ばかり前に、ここに朝倉氏が治める町があった。朝倉氏の治世は五代まで、およそ百年間も続いたが、天正元年（一五七三）に織田信長によって町全体が焼かれ、その後、町は地中に埋もれてしまったのだ。それから、約四百年以上も、町は地中に埋もれたままになっていたのだ。

そして、昭和四十六年（一九七一）に発掘調査が行われ、町の様子が分かってきたのだ。今は町の建物が復原され、当時の町の様子が分かるようになっている。道を歩いていると、建物の間から、馬に乗った侍が出てきそうな感じがする。建物の中へ入ると、部屋の中に人形がいて、中世の人の生活の様子がよく分かるようになっている。一乗谷は不思議な所だ。

一乗谷を歩いたら、タイムマシンのように昔に戻った気持ちになった。

一乗谷

高山（岐阜）

次に、岐阜県高山市を訪ねた。名古屋からJR高山線に乗って川沿いに走り、いくつも山を越えて行った所に、高山の街がある。

そこには、江戸時代の街並みがそっくり残されている。きちんと区画整理された道の両側に、低い屋根の家々がずっと並んでいる様子は、とても温かみがあり情緒的である。そして、その古い家々に、今でも人々が生活しているところが何とも素晴らしい。格子戸の家が喫茶店だったり、駄菓子屋さんだったり、お医者さんだったりするところがとても面白い。

高山には、江戸時代にあった陣屋がそっくり昔のままの形で残されている。大きなお屋敷のような建物だ。いろいろな部屋がある。その中で、吟味所という部屋があった。悪いことをした人が取り調べを受ける場所だ。そこに裁判官がいるような感じだ。とてもリアルで迫力がある建物だった。

なお、陣屋の前の広場で朝市が開かれていた。とても楽しかった。

白川郷（岐阜）

次に、岐阜県白川郷を訪ねた。白川郷は、とても不思議な所だ。茅ぶき屋根の家が、今でもあんなにたくさん残っているのが不思議でたまらない。

白川郷のあの独得な家の造りは、一般に合掌造りと呼ばれている。みんな、三階建てや四階建てのとても大きな家だ。そして、明治時代までは一軒の家に四十人も五十人もの人が住んでいたというから驚いてしまう。

この屋根には、一本の釘も、一本のかすがいも使われていないそうだ。茅ぶき屋根は、六十年に一度ふきかえるそうだ。屋根は数十センチも厚みがあるから、膨大な量の茅が必要なのだ。

和田家は、白川郷の中でも特に目立つ建物だ。古い茅ぶき屋根に、何ともいえない郷愁が感じられる。中には、大きないろりがある。大きな部屋がたくさんある。一番奥は客間になっている。とても静かな落ち着いた部屋だ。とても温かみのある部屋だった。

明治村（愛知）

次に、愛知県犬山市の明治村を訪ねた。明治村は、広大な美しい森の中に、明治や大正の建物がたくさん建てられていて、とても興味深い所だ。

夏目漱石が住んだ家があった。特別変わったところもなく、普通の家だったが、書斎に、漱石が座っているような感じがした。そんな雰囲気のある家である。幸田露伴の家もある。二階建てのとても大きな家だ。この家で「五重塔」を書いたのだろうか。西園寺公望別邸はとても豪華だ。屋根がいくつもあり、入り組んでいる。部屋もたくさんある。日本建築美の典型である。その他、明治時代の劇場や明治時代の銭湯など、興味深い建物がたくさんあった。

そんな中で、最も存在感のある建物は、やはり旧帝国ホテルの建物だろう。旧帝国ホテルは、フランク・ロイド・ライトの設計で、大正十二年（一九二三）に建てられたものだ。何ともいえないデザインが安らぎを与えてくれる。

明治村は、本当に興味深い所だ。いつまで見ていてもあきない。

旧帝国ホテル

犬山城（愛知）

次に、愛知県犬山市の犬山城を訪ねた。犬山城は、日本で最も古い城である。天文六年（一五三七）に築かれたという。今からおよそ四八〇年ばかり前から世の移り変わりを見続けたのだ。

犬山城は、小さい城だがとても魅力のある城である。創建当時の様子がよく残されていて、戦国時代の雰囲気が漂っている。薄暗い部屋の階段を上がっていくと、今にも鎧姿の侍が出てきそうな感じがする。

天守閣最上階からの眺めは最高に素晴らしい。全国どこのお城でも、天守閣からの眺めは素晴らしいのだが、この犬山城からの眺めは、また格別なのである。木曽川の、ゆるやかな曲線が何ともいえない。遠くの山々を眺めていると、戦国時代に野山を駆けめぐっていた武将たちの姿が目に浮かんでくるようだ。国宝犬山城は、小さいながら、日本一素晴らしい城である。なお、この犬山城は、個人の所有なのだそうだ。とても珍しい。

彦根城（彦根）

次に、滋賀県彦根市の彦根城を訪ねた。彦根城は、慶長九年（一六〇四）井伊直継によって築城が始められ、およそ二十年をかけて築かれたそうだ。

彦根城は、琵琶湖を見下ろす小高い丘の上にそびえている。ここからの琵琶湖の眺めはとても素晴らしかった。

彦根城は、他の城がすべて男性的な感じがする中で、どことなく女性的な感じがするのはなぜなのだろう。それは、窓の形に曲線がとり入れられているせいかもしれない。そして、破風の組み合わせも、とても複雑で美しい。

しかし、私が彦根城で最も感動したところは、天井にある梁である。とても複雑で、精巧に組んである梁がよく見えるのだ。これを見ると、だれでも、江戸時代の日本の建築技術の高さに驚かされるに違いない。日本中に、お城はたくさんあるが、彦根城の天守閣は、最も技巧がこらしてあるのかもしれない。

彦根城は、どことなく文化の香りがただよう名城である。

御木本幸吉記念館（鳥羽）

次に、三重県鳥羽市の真珠島を訪ねた。ここに御木本幸吉記念館がある。御木本幸吉は、安政五年（一八五八）に鳥羽に生まれた。家は、うどん屋だったが、海産物を売る仕事をしたり、町会議員になったり、水産組合の組合長になったりしていたが、三十歳を過ぎた頃から真珠の養殖を考えるようになった。そして、失敗に失敗を重ね、村人たちからばかにされたりしたが、それでもめげず、明治二十六年（一八九三）には、半円真珠の養殖に成功したのだ。

真珠島にある御木本幸吉記念館には、さまざまな資料が展示されているが、中でも感銘を受けたのは、エジソンと会った時の写真だ。幸吉は、真珠の評判を調べるために、昭和元年（一九二六）にアメリカに渡り、エジソンに会ったのだ。真珠島には、御木本幸吉の偉大な銅像が建っている。御木本幸吉は、日本人の誇りである。

御木本幸吉記念館

本居宣長記念館（松坂）

次に、三重県松坂市の本居宣長記念館を訪ねた。本居宣長は、江戸時代中期の国学者である。

本居宣長は、享保十五年（一七三〇）に、三重県松坂市に生まれた。家は、鈴の屋という木綿問屋だったが、幼少から学問を好み、十六歳で本を書いたそうだ。その後、京都で修業をしてから医者になったが、三十五歳の時、賀茂真淵に会ってから古事記の研究をするようになったのだ。それから三十五年の歳月をかけて「古事記伝」四十四巻を執筆したのだった。何と偉大なことだろうか。その他、「源氏物語」や「万葉集」の研究も行ったそうだ。

本居宣長記念館は、松坂城跡の林の中にある。また、本居宣長の旧家も記念館のすぐ近くに保存されている。宣長が、医者として、国学者として生涯を過ごした家である。書斎の部屋には、机が残されていた。宣長が「古事記伝」を書いた机だろうか。とても端正で清潔感のある部屋だった。

芭蕉生家（伊賀上野）

次に、芭蕉の生家を訪ねた。芭蕉の生家は伊賀上野にある。伊賀上野は、忍者でも有名な所である。芭蕉の家は、特別変わったところもなく、普通の家だった。松尾芭蕉は、正保元年（一六四四）に、下級武士の子として、伊賀の国上野に生まれた。初めは、伊賀の藤堂良忠に仕えていたが、良忠が俳諧をたしなんでいたため、芭蕉も俳句を学び始めたのだ。その後伊賀を離れ、京都で学問を積み、そして江戸へ出て深川に居を構え、元禄二年（一六八九）に奥の細道の旅に出たのだった。

芭蕉の家の裏の方に、小さな小屋がある。ここが芭蕉の書斎だった所だそうだ。とても質素な小屋である。いかにも芭蕉らしい雰囲気が漂っていた。小屋には、釣月軒《ちょうげつけん》と名前が付けられていた。

伊賀上野には、芭蕉の家の他に、蓑虫庵や芭蕉翁記念館などがある。

祇王寺（京都）

次に、京都の祇王寺を訪ねた。祇王寺は、嵯峨野の静かな林の中に、ひっそりと建っていた。小さな茅ぶき屋根のお寺である。

祇王寺は、白拍子だった祇王が住んだお寺である。平家物語の中の祇王の話は、あまりにも悲しい。美しい白拍子だった祇王は、ある日のこと、平清盛の前で舞を舞うことになった。すると、それを見た清盛は、たちまちそれに魅せられ、祇王を寵愛するようになる。そして、祇王ははなやかな生活をすることになった。しかし、それは長続きはしなかった。ある日のこと、仏御前という別の白拍子が現れると、清盛の心はそっちに移ってしまったからだ。

そして、祇王は捨てられることになり、この山奥の寂しいお寺で暮らしたのだ。やがて仏御前もこのお寺に来て、祇王は、母と妹と仏御前と一緒に、この寂しいお寺で、仏道修行に励んだそうだ。

薄暗い部屋から眺める丸窓の明かりが、なんとももの悲しい。

祇王寺

高山寺（京都）

次に、京都の高山寺を訪ねた。高山寺は、京都の市街地を離れた静かな山間の地にある。高山寺といえば、明恵上人が興した寺として知られている。明恵上人は、戒律を重んじて、華厳宗を発展させた人だ。

高山寺は、町中の寺院とは異なり、周囲の環境は静寂そのものである。物音一つしない座敷に座って遠くの山を眺めていると、心が洗われてくるようだ。

また、高山寺には、国宝や重要文化財の宝物がたくさん保存されている。その一つが、有名な「鳥獣人物戯画」である。

「鳥獣人物戯画」には、蛙や兎が描かれている。蛙が兎と相撲をとって、蛙が兎を投げとばしている場面がある。そして、それを見ている蛙が大笑いをしているのだ。いったい、どうしてこんな絵を描いたのだろうか。いったい、この絵は何を意味しているのだろうか。それにしても、実によく描けている絵だ。こんな山奥のお寺に、こんな謎の絵が隠されているのがとても不思議だ。

寂光院（京都）

次に、京都の寂光院を訪ねた。寂光院は、大原にある。市街地からはずいぶん離れた所だ。寂光院は、建礼門院が余生を送った所である。

建礼門院は、平清盛の娘であり、高倉天皇の中宮である。また、安徳天皇の母でもある。源平の戦いで、平家軍が義経に追いつめられた時、建礼門院は、安徳天皇と共に入水したが助けられ、この寂光院で余生を送ったのだ。

大原の里は、今でこそ観光地としてにぎわっているが、当時はとても寂しい所だったろう。建礼門院は、この寂しい所で、毎日どんな気持ちで日を送っていたのだろうか。

平家物語の中に、大原御幸という場面がある。後白河法皇が、この寂光院に訪ねてくる場面である。何とも劇的な場面である。後白河法皇は、この時どんな気持だったのだろうか。また、建礼門院は、どんな気持ちで後白河法皇を迎えたのだろうか。まるで歌舞伎のドラマのようである。

正倉院（奈良）

次に、奈良の正倉院を訪ねた。正倉院は、東大寺大仏殿の裏の林の中に、ひっそりと建っている。ここは、大仏殿のにぎやかさとは対照的で、とても静かだ。観光客もほとんど見られない。

この静けさが、かえってさまざまなことを思い起こさせるのだ。およそ千二百年以上も前から、この林の中にじっと建っているのである。この深みのある黒い色が、太古を思わせるのだ。

正倉院には、聖武天皇が愛用した品々や、東大寺開眼供養に使われた物などが保存されているそうだ。それらの物は、とても美しいものばかりである。中でも、最も美しいのは、螺鈿紫檀五絃琵琶ではないだろうか。目を見はるほどの美しさである。きれいな音楽が聞こえてきそうである。また、木画紫檀棊局も素晴らしい。これは碁盤だが、ただの碁盤ではない。美術品である。その他、漆胡瓶や白瑠璃碗など、素晴らしいものばかりだ。

正倉院

法隆寺（奈良）

次に、奈良の法隆寺を訪ねた。法隆寺は、世界最古の木造建築である。推古十五年（六〇七）に、聖徳太子によって創建されたといわれている。およそ千四百年も前から、ここに建っていることになるのだ。

聖徳太子は、飛鳥時代の政治家で、父は用明天皇、母は穴穂部間人皇女《あなほべのはしひとのひめ》である。推古天皇の摂政となり、十七条の憲法や冠位十二階を制定した。また、小野妹子を大使として遣隋使も派遣した。

法隆寺の中門をくぐると、すぐ目の前に五重塔が見えてくる。何と美しい塔だろうか。広いひさしに安定感が感じられる。

法隆寺には、有名な仏像が三つある。一つは百済観音《くだらかんのん》だ。このすらりとした体形に、何ともいえない優しさが感じられる。もう一つは釈迦三尊《しゃかさんぞん》だ。止利仏師の名作だ。わずかに微笑みを浮かべた表情に、深い思想が感じられる。そして、もう一つは、夢殿にある救世観音である。これは秘仏で、見ることは出来ない。

適塾（大阪）

次に、大阪の適塾を見学した。適塾は、緒方洪庵が天保九年（一八三八）に開いた蘭学塾である。緒方洪庵は、優れた蘭学者であると同時に、優れた医学者であり、また、優れた教育者でもあった。

当時、適塾の人気は非常に高く、全国から大勢の人が集まってきたそうだ。その中には、福沢諭吉や大村益次郎、橋本左内といった日本の近代化に尽くした人々が多く含まれているのだ。

緒方洪庵は、多くの蘭書を翻訳し、著書も残している。また、医者としても活躍しているのだ。

騒がしい大阪の街中に、福沢諭吉の学んだ部屋が、そっくり昔のままの姿で残されていることが、とても素晴らしいことだと思った。

適塾の中にある、細い暗い階段を、福沢諭吉が、何度も何度も上り下りしたのかと思うと、とてもリアルな感動が湧いてきた。

大阪城（大阪）

次に、大阪城を訪ねた。大阪城は、豊臣秀吉が天正十一年（一五八三）から十五年の歳月をかけて築いた城である。しかし、大阪夏の陣で消失し、その後再建されたがまた消失し、現在の天守閣は、昭和六年（一九三一）に復興されたものだそうだ。

豊臣秀吉は、天文五年（一五三六）尾張国中村の農家に生まれた。十六歳で放浪の旅に出て木下藤吉郎と名のった。永禄元年（一五五八）織田信長に仕え才能が認められ、羽柴氏を名のった。天正十年（一五八二）、毛利氏と戦っている時に本能寺の変が起こり、その後明智光秀軍を破り、また柴田勝家軍も破って大阪城を築いて天下統一を図ったのだ。

大阪城天守閣から眺める大阪市の景観は素晴らしい。しかし、私が最も驚かされたものは石垣だ。中でも、蛸石と呼ばれる巨石は畳三十畳もあるそうだ。こんな大きな石を、機械も使わずにどうやって運んだのだろう。

大阪城蛸石

和歌の浦（和歌山）

次に、和歌山の和歌の浦を訪ねた。和歌の浦といえば、すぐに、山部赤人の歌が頭に浮かんでくる。

若の浦に潮満ち来れば潟を無み葦辺を指して鶴鳴き渡る

和歌の浦が満ち潮になると、そこにいた鶴がいられなくなって、葦の生えている方へ飛んで行ったという意味だろうか。青い海の水の色と、真っ青な空の中に、真っ白い鶴の群れが飛んで行く光景が目に浮かぶようだ。

山辺赤人は、奈良時代の宮廷歌人である。聖武天皇に仕えて、いろいろな所を旅して歌を詠んだ。そのため、叙景詩人と呼ばれている。百人一首の「田子の浦にうち出でてみれば白妙の富士の高嶺に雪は降りつつ」は赤人の作だ。

山部赤人がこの歌を詠んだのは、神亀元年（七二四）聖武天皇の行幸に随行した時のことである。およそ千三百年ほど前のことである。その頃は、空気が澄んでいて、今よりも、もっともっと美しい風景だったに違いない。

風見鶏の館（神戸）

次に、神戸を訪ねた。神戸は、ハイセンスの街だ。さまざまな洋館が建ち並ぶ通りを歩いているだけで、心が楽しくなってくる。みやげ物店もきれいな店ばかりで、何でも買いたくなってしまう。神戸はそんな街だ。

洋館は、風見鶏の館、洋館長屋、ラインの館、うろこの館、山手八番館、萌黄の館、ベンの家、旧サッスーン邸など、他にも、個性ある建物がたくさんある。

その中でも有名なのが、風見鶏の館だ。この建物は、ドイツ人の貿易商ゴットフリート・トーマスさんが建てたものだそうだ。外壁はレンガ造りで重厚な感じがする。

内部は、一階に応接間、居間、食堂などがあり、二階には、寝室、子供部屋、客用寝室、朝食の間などがある。とにかく、大きな部屋がいくつもいくつもあって、驚いてしまう。この建物を設計した人は、ドイツ人の建築家ゲオルグ・デ・ラランデという人だそうだ。とにかく素晴らしい建物である。

姫路城（姫路）

次に、姫路城を訪ねた。姫路駅を降りると、すぐ目の前に姫路城がそびえているのが目に入る。

姫路城は、播磨の守護職、赤松則村・貞範父子が姫山に城を築いたのが始まりで、その後、豊臣秀吉が三層の天守を築き、その後、徳川家康の娘婿、池田輝政が慶長六年（一六〇一）に、本格的な城に築いたものである。姫路城は、大きさから見ても、美しさから見ても、日本一の城といってよいだろう。

姫路城といえば、すぐに千姫のことが頭に浮かんでくる。千姫が大阪城を離れ、本田忠刻と結ばれ、姫路城で暮らしたのは、元和二年（一六一六）から、およそ十年間のことだった。戦国時代には、波瀾万丈の生涯を送った女性は多いが、徳川秀忠の娘千姫もその一人だった。

千姫が過ごした化粧櫓は、姫路城内西の丸に残されている。人形を使って、千姫の様子がリアルに表現されていた。

姫路城

岡山後楽園（岡山）

次に、岡山の後楽園を訪ねた。岡山の後楽園は、今から、およそ三百年ほど前に、藩主だった池田綱政が十四年の歳月をかけて、元禄十三年（一七〇〇）に完成したものだそうだ。

岡山後楽園は、岡山城のすぐ隣にあって、とても広い庭園である。芝生が広くとり入れられていて、日本の庭園としてはとても明るく、広々とした感じがする。しかし、その中にも、池があり、築山があり、日本的で落ち着いたところがある。

岡山後楽園は、普通の庭園とは少し違うところがある。それは、庭園の中に、田んぼや茶畑があるということである。これは、庶民の労苦を偲ぶために造られたものだそうだ。

岡山後楽園は、水戸の偕楽園、金沢の兼六園と並んで、日本三名園といわれているが、その中でも、明るく開放的でとても素晴らしい庭園だ。

塩見縄手（松江）

次に、松江の塩見縄手を訪ねた。塩見縄手は、松江城のお堀に沿って並んでいる武家屋敷の一帯である。塩見縄手は、実に趣のある日本情緒豊かなところだ。道の片側には、古い松の老木があり、もう一方には、江戸時代の立派な武家屋敷がずらりと並んでいるのだ。

その武家屋敷の中に、小泉八雲の住んだ家がある。彼は、その家をこよなく愛していたのだった。彼は、日本人以上に日本文化を愛した外国人といわれるのだ。セツ夫人と過ごした部屋が、そのままの姿で残されている。その部屋からの庭の眺めは、本当に素晴らしい。心が落ち着く部屋である。

小泉八雲は、セツ夫人をこよなく愛し、松江をこよなく愛し、そして日本文化をこよなく愛した人である。

塩見縄手は、歴史を感じさせてくれる日本情緒豊かな所だ。

鳥取砂丘（鳥取）

次に、鳥取砂丘を訪ねた。鳥取砂丘は大きい。とてつもなく大きい。なぜ、ここだけこんな大きな砂丘ができたのだろう。これは、とても不思議なことだ。波が石をくだいて砂をつくる。その砂を風が運ぶ。そんなことが、何万年も何億年も繰り返されてつくられたのだろうか。

まだ、人類が現れない時代から、少しずつ、少しずつ、この砂浜をつくってきたのだ。小さな一つぶずつの砂が集まって、こんな大きな山ができたのだ。自然の力の偉大さが、ひしひしと感じられる。

大きいばかりではない。山の曲線がゆったりとして、何ともなめらかで美しい。波の音を聞き、潮風に当たりながら、巨大な芸術作品を眺めているような、そんな感じである。

鳥取砂丘は、大自然の力をしみじみ感じさせる、大きな大きな砂丘だ。

鳥取砂丘

出雲大社（島根）

次に、出雲大社を訪ねた。一畑電鉄の電車に乗って、宍道湖の美しい風景を眺めながら、数十分も乗っていると、やがて大社前駅に着く。そこから少し歩いて大きな鳥居をくぐると、美しい、長い松並木の参道に出る。

参道を暫く歩いて行くと、やがて、広い境内に出る。境内の中心に拝殿がある。拝殿には、大きな大きなしめ縄が下がっている。しめ縄は、一・五トンもあるそうだ。

出雲大社の祭神は、大国主命である。大国主命は、いったいどんな人物だったのだろうか。古事記には、大国主命のことが詳しく書かれている。一番有名なのがイナバの白兎の話だろう。この話から推測すれば、大国主命は、多分心の優しい人物だったのだろうと思われる。また、古事記の中には、さまざまな困難に遭遇しても、それに打ち勝ってやりとげることが書かれている。大国主命は、勇気があって、しかも優しい心を持った神様だったのだろうか。

森鷗外記念館と西周生家（津和野）

次に、津和野の森鷗外記念館と西周の生家を訪ねた。津和野はとても落ち着いたよい街だった。家々の前にきれいな川が流れていて、情緒豊かなよい街だった。

津和野といえば、森鷗外と西周が頭に浮かんでくる。森鷗外は文久二年（一八六二）津和野に生まれた。鷗外は、東大を卒業してからドイツへ留学し、帰国後軍医となり、役人の仕事をしながら文学活動をしたのだ。そして、「舞姫」「うたかたの記」「雁」「山椒大夫」「高瀬舟」などの作品を書いた。森鷗外記念館には、原稿やさまざまな資料があり、特に、軍人の時の洋服が迫力があった。

西周は、文政十二年（一八二九）に津和野に生まれた。西洋哲学を日本に紹介して、日本哲学の父といわれた人だ。津和野の郊外に、西周の生家が残っている。およそ二百年ほど前の素朴な家だ。とても感動が湧いてきた。

錦帯橋（岩国）

次に、岩国の錦帯橋を訪ねた。錦帯橋は、延宝元年（一六七三）に、岩国藩主吉川広嘉《きっかわひろよし》によってつくられたものである。

錦帯橋は、洪水によって流されないということから考案されたものだが、できあがったものは、とても美しいものとなったのだ。

錦帯橋はどこから眺めても美しい。前から眺めても、横から眺めても美しい。しかし、最も美しいのは、下から眺めた形かもしれない。とても美しい。木組みの素晴らしさに感動させられた。

幾何学模様がとても美しい。こわれない丈夫な橋ということから造られたものが、芸術品のように美しいものとなったのだ。日本人の技術の素晴らしさ、日本人の感覚の素晴らしさに、ただただ感動させられた。

錦帯橋は、橋そのものも美しいが、周囲の風景もとても素晴らしい。錦川の流れと、城山の山頂にそびえる岩国城の眺めがとても素晴らしかった。

錦帯橋

厳島神社（広島）

次に、厳島神社を訪ねた。厳島神社は、平清盛の熱い思いによって、今のような形に整備されたものである。海の上に浮かぶ朱塗りの神殿はまことに美しい。波の音を聞きながら回廊を歩く気分は爽快だ。

清盛は、有名な「平家納教」を作ったことでも知られている。「平家納教」は、国宝の中の国宝といわれる芸術品である。「平家納教」は、厳島神社宝物館で見ることが出来る。

厳島神社を見学した後は、裏にある山、弥山《みせん》に登った。ロープウェイに乗って、数分で頂上に着ける。標高は、約五百メートルくらいの山だが、海面から直接そびえるため、最高の眺めになっているのだ。ロープウェイから眺める瀬戸内海の風景は、まるで映画を見ているようだ。ここからの眺めは、伊藤博文が絶賛したことでも知られているのだ。なお、弥山の頂上には、巨大な岩がたくさんあって、とても珍しい風景になっている。

松下村塾（萩）

次に、萩の松下村塾を見学した。松下村塾は、小さな、とても質素な建物だった。こんな小さな建物から、後に日本の国を動かすような人物が何人も出たのは、本当に不思議なことである。高杉晋作、久坂玄瑞、木戸孝允、伊藤博文といった人たちがここで学んでいたのだ。

松下村塾を開いた人は、吉田松陰である。吉田松陰は、天保元年（一八三〇）長州に生まれた。松蔭は、通称寅次郎と呼ばれ、幼少の時から兵学を学び、十九歳で師範となった。

その後、九州や江戸で学び、佐久間象山からは洋学を学んだ。

安政元年（一八五四）、下田に停泊していたアメリカの船に乗り込もうとして失敗し、捕らえられて幽閉され、後に野山獄に移され、翌年免獄となった。その後、藩の許可を受けて松下村塾を開いたのだった。

質素な松下村塾の建物は、萩の郊外にひっそりと建っていた。

金刀比羅宮（香川）

次に、香川県の金刀比羅宮《ことひらぐう》を訪ねた。金刀比羅宮は、通称讃岐のこんぴらさんと呼ばれている。これまでに、呼び名が何回も変わったそうだ。初めは金光院、次に琴平社、金毘羅大権現、琴平神社、事比羅宮となって、明治二十二年（一八八九）から今の金刀比羅宮となったそうだ。

金刀比羅宮の祭神は、大物主命である。海の守護神として、航海安全や大漁祈願を祈って、毎年数百万人もの参拝者があるそうだ。

駅から参道口までは、ほとんど旅館やみやげもの店が並んでいてにぎやかだ。参道口からは、長い長い石段の坂道になる。石段は七八五段あるそうだ。しかし、両側にみやげ物店が並んでいるので、とても楽しい。

金刀比羅宮は、象頭山《ぞうずさん》の中腹にある。とても眺めのよい所だ。長い石段を登ってきて、やっと着いた所から眺める景色は、本当に素晴らしかった。

「こんぴら」とは、仏教用語でわにの意味で印度では仏教の守護神だとか。

屋島（高松）

次に、高松市の屋島を訪ねた。屋島は風光明媚な所である。台地になっている山の上からの眺めは、本当に素晴らしい。数々の島々が浮かぶ瀬戸内海の風景は、とても穏やかで素晴らしかった。

その穏やかな風景の中で、源平の戦いが行われたのは、寿永四年（一一八五）のことだった。今からおよそ八百年ほど前のことである。

一の谷の合戦に敗れた後、平家の軍団は、平宗盛を総大将として、この屋島に陣を構えていたのである。そこへ義経軍が攻めてきて戦いが始まったのだった。そして、第一日目の戦いが終わろうとしていた夕刻、平家方から一そうの舟がこぎ出された。舟には一本の竿が立てられ、竿の上には日の丸をつけた扇が付けられていた。そしてまた、舟には美しい女性が立っていて、それを弓で射落とせとさそっていた。それを那須与一が射落とした話はあまりにも有名だ。

そんな昔の出来事がまるでうそのように、瀬戸内海の風景は穏やかだった。

ドイツ村（鳴門）

次に、鳴門市のドイツ村を訪ねた。ドイツ村は、第一次世界大戦の時のドイツ兵の捕虜収容所跡である。捕虜収容所といえば、一般には厳しい生活が想像されるが、ここでの生活は違っていた。捕虜たちは、この収容所の中で、比較的自由な生活をしていたのだった。音楽の演奏をしたり、スポーツを楽しんだり、地域の人に菓子作りを教えたりしていたようだった。

そして、驚くことは、ここでベートーベンの第九交響曲が演奏されたことだ。そしてまた、その演奏を地域の人たちに聴かせていたというから一層驚かされてしまう。西洋音楽など聴いたこともない地域の人たちは、その時、どんな思いでこの曲を聴いたのだろうか。

今は、この収容所の跡に、記念館が建てられている。記念館では、捕虜たちがどんな生活をしていたか、人形やさまざまな資料でよく説明されている。

収容所の所長さんの心の温かさに、つくづく感心させられた。

ドイツ村

阿波十郎兵衛屋敷（徳島）

次に、徳島の阿波十郎兵衛屋敷を訪ねた。阿波十郎兵衛屋敷は、人形浄瑠璃「傾城阿波の鳴門」の物語の元になった坂東十郎兵衛の屋敷跡である。

元禄時代のことである。その時、坂東十郎兵衛は、他国米積入れ川口裁判改め役として、輸入米の検査をする仕事をしていたが、輸入米をめぐり、部下の不正が判明したため、処刑されてしまったのだ。

人形浄瑠璃「傾城阿波の鳴門」は、この史実をもとに、近松半二によって作られたものである。父親が、処刑された後、母と娘が離れ離れになり、その後、娘が母を慕って会いに来たが、罪人の子供と知られると困るため、母が自分の子ではないと言って分かれて行く物語だ。

屋敷跡には、三百年ほど前の建物がそっくり残されているのだ。また、十郎兵衛の鎧やかぶとなども展示されている。

阿波十郎兵衛屋敷では「傾城阿波の鳴門」の上演も行っている。

松山城（松山）

次に、松山城を訪ねた。松山城は、白壁よりも木造の部分が多いため、とても親しみやすい感じがした。また、天守閣からは、松山の市街や、遠くに瀬戸内海まで見渡すことが出来て、とても素晴らしい眺めだった。

松山城は、加藤嘉明が二十四年の歳月をかけて、寛永四年（一六二七）に完成したものだそうだ。しかし、嘉明は、寛永四年（一六二七）に会津へ移され、後に、蒲生氏郷や松平定行らが城主となったのだ。

加藤嘉明は、永禄六年（一五六三）に、三河国に生まれ、羽柴秀吉に見出され、その家臣となり、二十歳の時に、賤ケ岳の合戦で七本槍の一人として活躍されたのだった。そして、伊予国正木の六万石の城主となったのだ。その後、慶長五年（一六〇〇）の関ヶ原の戦いでは、徳川家康につき、その功績が認められ、二十万石となったのだ。

松山城は、街中にあって、とても親しみやすいお城だ。

子規堂（松山）

次に、松山の子規堂を見学した。子規堂は、正岡子規の旧宅を模して作られたものだそうだ。小さな家だが、とても雰囲気がよく出ていて、書斎には、正岡子規がそこにいるような感じがした。

正岡子規は、慶応三年（一八六七）松山に生まれた。初めは政治家になろうとしたが、後に文学に変更したのだった。大学の予備門在学中に本格的に俳句を作り始め、夏目漱石とも交わりをもったのだ。

明治二十五年（一八九二）に、陸羯南の新聞「日本」に、「獺祭書屋排話」を連載し、後に記者となった。そして、明治三十年（一八九七）に、句誌「ホトトギス」を創刊した。また、翌年、根岸短歌会を設立し、長塚節や伊藤左千夫らを指導したのだそうだ。

子規堂には、正岡子規の原稿や写真などがたくさん展示されている。

坊っちゃん列車（松山）

次に、松山の坊っちゃん列車を見学した。坊っちゃん列車は、松山市の正宗寺の境内に展示されていた。

坊っちゃん列車は、夏目漱石が乗った列車である。坊っちゃん列車は、とても小さな客車だ。乗れる人は、せいぜい十人くらいのものだろうか。てぬぐいを腰に下げ、帽子をかぶって座席に座っている漱石の姿が思い浮かんできた。

小説「坊っちゃん」には次のような場面がある。東京から松山に着いて、初めて勤務する中学校へ行く時のことだ。「停車場はすぐ知れた。きっぷもわけなく買った。乗りこんでみると、マッチ箱のような汽車だ。ごろごろと五分ばかり動いたと思ったら、もうおりなければならない。どうりできっぷが安いと思った。たった三銭である。」この他に、汽車に乗って温泉へ行く場面もある。

漱石は、この汽車に乗って温泉へ行くのが好きだったのかもしれない。

高知城（高知）

次に、高知城を訪ねた。高知城は、山内一豊が慶長六年（一六〇一）より約十年の歳月をかけて築かれたものである。その後火災によって消失した後、享保十四年（一七二九）から二十五年をかけて宝暦三年（一七五三）に落成したものだそうだ。

山内一豊は、初め豊臣秀吉に属し、四百石を与えられ、長浜に住んでいた。後に播磨の国で二千石を与えられていたが、織田信長が行った京都馬揃えに、駿馬を十両で購入して参列し、信長から讃辞を受け、それから出世をしたのだ。

その時、駿馬を買う十両を出したのは、一豊の妻だったそうだ。彼女は、嫁入りの際に持参した十両の金を、夫の一大事の時に使おうと思って、鏡の裏に大切にしまっておいたのだそうだ。

慶長五年（一六〇〇）の関ヶ原の戦いで、一豊は東軍について戦功をあげ、土佐国二十万石を与えられ、大名になったのだ。

坂本龍馬記念館（高知）

次に、高知の桂浜を訪ねた。桂浜は風光明媚な海岸である。そこに坂本龍馬の大きな銅像が立っている。また、小高い山の上には、坂本龍馬記念館がある。坂本龍馬は、天保六年（一八三五）に、土佐国の町人郷士の家に生まれた。十九歳で江戸へ行き、北辰一刀流を学んだ。その後、勝海舟の弟子となり、航海術などを学び世界に目を向けるようになって、後に亀山社中をつくったのだ。その後、倒幕をめざす薩摩藩と長州藩との間に薩長同盟を成立させた。また、幕藩体制に代わる新しい国づくりをするために、船中八策を考えたのだった。

坂本龍馬記念館には、坂本龍馬に関する資料がたくさん陳列されている。一番先に目に付いたものは乙女姉さんに宛てた龍馬の手紙だ。大きな紙に、大きな字で力強く書いてある。何という大胆な手紙だろう。龍馬の心の大きさがよく分かる手紙だ。

龍馬記念館の窓から眺める太平洋の風景が本当に素晴らしかった。

和布刈公園（北九州）

次に、北九州の和布刈《めかり》公園を訪ねた。和布刈公園は門司港から少し山の上に登った所にある。和布刈公園は、素晴らしく景色のよい所だった。たくさんの島々が浮かぶ周防灘の風景は、本当に美しい。

また、公園のすぐ隣には、巨大な関門橋が架かっている。本州と九州を結ぶ産業の大動脈だ。大型のトレーラーやトラックがひっきりなしに走っている。橋の下にも大きなタンカーや貨物船が走っている。

また、ここは大きな歴史の舞台でもあるのだ。源平の合戦の最後の舞台となった壇の浦なのだ。今からおよそ八百年ほど前のことである。文治元年（一一八五）三月二十四日、赤旗を掲げた平家の舟と白旗を掲げた源氏の舟が入り乱れて激しく戦った場所なのである。その時、平清盛の娘であり高倉天皇のお妃であった建礼門院が安徳天皇を抱いて入水したのもこの場所なのだ。

和布刈公園は、美しい風景の中にさまざまな歴史を秘めた公園なのだ。

和布刈公園

門司港（北九州）

次に、北九州の門司港を訪ねた。門司港レトロ地区には、明治や大正の建物がたくさん残されていて、とても興味深い街だった。

その中でも最も素晴らしい建物は、ＪＲ門司港駅だ。この建物は大正三年（一九一四）に、ローマのテルミニ駅をモデルにして造られたものだそうだ。外観が美しいばかりでなく。待合室や切符売場や改札口などは、大正時代のものが今でもそのまま使われているのだそうだ。とても素晴らしいことだと思う。

その他、大正十年（一九二一）に建てられた、旧門司三井倶楽部、大正六年（一九一七）に建てられた旧大阪商船、旧門司税関、国際友好記念図書館など、レトロな建物がたくさんある。

その他、はね橋も面白い。船が通る時間になると、みんなが渡るのを止めて立ち止まり、船が通り過ぎるのを待っている。そして、船が通り過ぎるとまた一斉に渡り始める。その光景が面白い。門司港はとても魅力的な街だった。

太宰府天満宮（太宰府）

次に、太宰府天満宮を訪ねた。太宰府天満宮は、全国の天満宮の総本社である。祭神は、学問の神様である菅原道真だ。最初は、延喜十九年（九一九）に造られたものが幾度か焼失した後、現在の本殿は、天正十九年（一五九一）に、小早川隆景が寄進したものだそうだ。

本殿の右前に、飛梅と呼ばれる梅の木がある。これは、菅原道真が京都を発った時に、「東風吹かばにおいおこせよ梅の花あるじなきとて春な忘れそ」と歌った梅の木が、道真を慕って京都から飛んできたといわれる有名な梅の木である。

天満宮の近くに、太宰府政庁跡がある。ここは、かつて九州全体の政治を行っていた所だそうだ。とにかく大きい。広々としている。当時は大きな建物が建っていたが、天慶三年（九四〇）の藤原純友の乱の時に焼失し、今は礎石だけが残っているのだ。巨大な礎石である。当時の建物の大きさが想像できる。

吉野ヶ里遺跡（佐賀）

次に、吉野ヶ里遺跡を訪ねた。吉野ヶ里遺跡は、佐賀県神埼郡神埼町、三田川町、東脊村にまたがる広大な遺跡である。

吉野ヶ里遺跡は、約千八百年ほど前、弥生時代の環濠集落遺跡である。まわりが二重の堀に囲まれ、高い物見櫓が建っていて、外敵を防ぐ構造になっているのだ。この村の中で、人々はどんな暮らしをしていたのだろうか。

遺跡には、高さが十二メートルの物見櫓の他に、床の高さが二～三メートルの高床式倉庫や竪穴式住居跡などがある。道具などがほとんどなかった時代に、十二メートルもある高い建物をどうやって造ることが出来たのか、とても不思議なことである。

吉野ヶ里遺跡は、魏志倭人伝に書かれている女王卑弥呼の国、邪馬台国ではないかという説もあるそうだ。吉野ヶ里遺跡は、青森の三内丸山遺跡によく似ていると思った。大きな遺跡が日本の北と南にあるのが不思議に思えた。

大隈重信旧宅（佐賀）

次に、佐賀の大隈重信旧宅と大隈記念館を見学した。佐賀には、古いものがよく保存されていて、落ち着いたよい街である。大隈重信の旧宅は、佐賀城の近くにある。屋根が複雑に入り組んでいて、部屋がいくつもある重厚感のある大きな家である。

大隈重信は天保九年（一八三八）に、佐賀藩の藩士の子として生まれた。幕末には、尊王攘夷の志士として活躍した。明治政府ができて間もなくの頃、外国からキリスト教を認めるようにという圧力があった時に、これを強くはねのけた話は有名である。この後、政府に重く用いられるようになったのだ。

その後、外務大臣となり、また、総理大臣にもなっている。そして、現在の早稲田大学のもとになった東京専門学校もつくった。

生家の隣には、大隈記念館が建っている。館内には、大隈重信にまつわるさまざまな資料が展示されている。中でも愛用の赤いガウンが見物だ。

旧グラバー邸（長崎）

次に、長崎の旧グラバー邸を訪ねた。旧グラバー邸は、イギリスの貿易商人トーマス・グラバーの建てた家だ。海の見える高台にあって、とても景色のよい所だ。旧グラバー邸には、応接室や寝室や事務所などの他に、天井裏に、幕末の志士をかくまっていたといわれている部屋もある。

トーマス・グラバーは、安政六年（一八五九）に来日した。グラバーは、貿易商人として武器の取引を行っただけでなく、長州や薩摩藩士の留学を援助したり、薩長盟約結成に努力し、日本の近代化に努めたのだった。

旧グラバー邸は、歌劇「蝶々夫人」の舞台となった所でもある。丘の上から海を眺めていると、向こうからピンカートンの乗った船が、こちらに向かって進んでくるような雰囲気がある。

また、「蝶々夫人」といえば、三浦環の名前が浮かんでくる。三浦環は、日本で最初に「蝶々夫人」を歌った人だ。

旧グラバー邸

熊本城（熊本）

次に、熊本城を訪ねた。熊本城は、加藤清正が慶長六年（一六〇一）から慶長十三年（一六〇八）まで、七年をかけて造った城である。

加藤清正は、永禄五年（一五六二）に愛知県に生まれた。豊臣秀吉に仕え、多くの合戦に参加した。天正十一年（一五八三）の賤ヶ岳の合戦では、七本槍の一人として活躍した。

朝鮮出兵の際には、文禄、慶長の二度にわたり先陣をつとめた。清正は、築城の名士ともいわれ、城つくりがとても得意だったそうだ。

秀吉の死後は、文治派の石田三成と対立し、武断派の中心人物となった。慶長五年（一六〇〇）の関ヶ原の戦いでは東軍につき、徳川家康から肥後国を与えられた。

熊本市街にある高いビルの屋上から、熊本城を眺めてみた。そして、その規模の大きさに驚かされた。阿蘇の山を背景にしたお城は本当に壮大だった。

田原坂（熊本）

次に、熊本県植木町の田原坂を訪ねた。田原坂は、西南戦争の激戦地である。西南戦争田原坂の戦いは、明治十年三月四日から三月二十日まで行われた。それは、とても激しい戦いだった。雨の日の戦いも多かったそうだ。雨の中の戦いは、旧式の武器で戦った薩軍には不利で、新式の武器で戦った政府軍にとって有利に働いたのだった。

激戦の地田原坂は、今は静かな公園になっている。公園には、弾痕の家、田原坂資料館、美少年の像、慰霊塔などがある。弾痕の家の白い壁には、大小さまざまな無数の弾痕が残されていて、激しい戦いの跡が感じられる。また、資料館には、大砲や鉄砲などが展示されていて、戦いの様子が伝わってくる。

田原坂の戦いがあってから、およそ百四十年が過ぎた。今この丘には何の物音も聞こえてこない。静寂そのものである。周囲には、みかん畑がはてしなく広がっている。田原坂は、今本当にのどかな美しい風景になっている。

シーボルト記念館（長崎）

次に、長崎のシーボルト記念館を訪ねた。シーボルト記念館は、長崎市の郊外の静かな住宅地にある。ここは、鳴滝塾のあった所だ。シーボルトは、この鳴滝塾で多くの日本人に、西洋医学や科学の指導をしたのだった。

シーボルトは、文政六年（一八二三）に、長崎出島にある、オランダ商館付き医師として来日した。そして、妻たきと出会ったのだった。

シーボルトと妻たきとの関係は、まことに深いものがあり、ドラマチックなものだった。シーボルトは、妻たきをこよなく愛していたのだった。しかし、いわゆるシーボルト事件によって、オランダへ強制送還されてしまうのだ。

そして、三十年後、二人は再会するのである。二歳の時に別れた娘は、すでに成人し、産婦人科の医者になっていた。まことに劇的な再会であった。

鳴滝塾の跡には、今静かな庭だけが残り、そこにシーボルトの胸像がひっそりと立っている。今の日本をどう思って見つめているのだろう。

シーボルト胸像

福沢諭吉の家（中津）

次に、大分県中津の福沢諭吉の家を訪ねた。福沢諭吉の家は、茅ぶき屋根のとても小さな家だった。こんな小さな家から、あんな偉大な人物が育ったのかと思うと、とても不思議な気持ちになった。

福沢諭吉は、天保五年（一八三四）に、大阪で中津藩の下級武士の家に生まれた。十九歳で長崎へ出て蘭学を学び、翌年大阪の適塾に入った。その後、江戸に蘭学塾を開いた。これが後の慶應義塾大学となったのである。

その後、幕府の翻訳官として欧米へ渡り、「西洋事情」や「学問のすすめ」などの本を書き、日本の近代化に貢献したのだった。

福沢諭吉が住んだ母屋の隣に、白い壁の蔵が建っている。諭吉は、この蔵の二階の部屋で勉強をしたのだそうだ。上がってみると、とても薄暗い小さな部屋だった。書見台が、一つぽつんと置いてあった。こんな部屋で勉強して、あんな立派な学者になったのかと思うと、とても感動が湧いてきた。

臼杵石仏（臼杵）

次に、大分県の臼杵の石仏を訪ねた。臼杵の石仏は、本当に不思議な所だった。周囲が田んぼや畑の静かな田園地帯に、たくさんの石仏が並んでいるのである。

石仏は全部で六十ほどもあるそうだ。大きいものもあれば、小さいものもある。だれが作ったのか分からないという。いつ作られたのかも、はっきりとは分からないという。おそらく、千年以上も前ではないかともいわれているのだ。

こんなにたくさんの石仏を、いったいどんな人が作ったのだろうか。そしてまた、何の目的で作ったのだろうか。不思議なことばかりである。

数多い石仏郡の中心になっている所は、古園《ふるぞの》石仏と呼ばれている所だ。そして、古園石仏には、十三体の石仏が並んでいる。その中心になっているのが大日如来である。この大日如来は、とても慈悲深い表情をしているのだ。切れ長の伏し目がちな目、大きな太いまゆ、とても優しい表情だ。

堀切峠（宮崎）

次に、宮崎の堀切峠を訪ねた。堀切峠は、とても景色のよい所だ。ただ景色がよいというだけではなく、南国のムードに包まれた美しい海岸なのだ。道路に大きなフェニックスの木がたくさん植えられていて、いかにも南の島に来たような感じがする。

高い所から見る海の眺めは、本当に素晴らしい。どこまでも、どこまでも、遠く、遠く、海岸線が続いて見えるのだ。

大きな、大きな海だ。太平洋の広さが実感できる。海岸線には打ち寄せる波、くだけ散る白い波。いつまでも、いつまでも眺めていたい。それが堀切峠の海岸線である。

日本全国に、美しい海の風景はたくさんある。中でも、特に美しいのは、高松の屋島、北九州の和布刈公園、そして、この堀切峠だ。

堀切峠の下の方には鬼の洗濯板があり、少し離れた所には青島がある。

堀切峠

国見ヶ丘（高千穂）

次に、宮崎県高千穂を訪ねた。高千穂は神話の国である。どこを歩いても神話の雰囲気が感じられるのはなぜだろう。

国見ヶ丘の風景は本当に素晴らしい。山や畑が見えるだけなのに、他の風景と違って見えるのである。山々の広がりが全く違うのだ。遠く遠く、別の国々まで、どこまでもどこまでも続いているように見えるのだ。

ここに立って遠くを眺めていると、確かに神々が天から地上に降りてくるような、そんな雰囲気が感じられる。

国見ヶ丘という名前は、昔、神武天皇の御孫の建磐竜命《たていわたつのみこと》が、ここで国見をしたためにつけられたものだそうだ。古事記や日本書紀に書かれた瓊瓊杵尊《ににぎのみこと》が天下りされた際の話が元になった神々の石像が駐車場の近くにある。

また、国見ヶ丘は、民謡切干刈唄の発祥地ともいわれているのだ。

天岩戸神社と天安河原（高千穂）

次に、高千穂の天岩戸神社を訪ねた。天岩戸神社は、須佐男命《すさのおのみこと》が乱暴なことをしたために、天照大神が怒って隠れたという天岩戸の近くにある神社である。

この辺りは、大きな木立に包まれていて、昔神々があちこちを歩いていた、そんな雰囲気がただよっているのだ。天岩戸は、対岸の中腹に小さく見えた。

天岩戸神社から少し坂道を下って行くと、天安河原《あまのやすがわら》に出る。天安河原は、間口が三十メートル、奥行が二十五メートルほどの洞窟だ。須佐男命が乱暴なことをしたため、天照大神が怒って天岩戸に隠れ、世の中がまっ暗になったため、神々たちがこの洞窟に集まって相談したのだそうだ。この洞窟には、確かに神々が集まりそうな、そんな雰囲気が十分感じられる。

なお、高千穂では夜神楽という踊りが踊られている。これは、天照大神が天岩戸に隠れた時に、天鈿女命《あまのうずめのみこと》が天岩戸の前で、面白おかしく舞ったのがはじまりなのだそうだ。

桜島（鹿児島）

次に、桜島を見学した。桜島は雄大な山である。桜島は、大きい、力強い、迫力がある。海面から直接そそり立っているから、とても大きく力強く見えるのだ。桜島は、普通は、磯庭園の庭から眺めるのが一般的である。しかし、ＪＲ日豊本線の電車の窓から眺める桜島の雄姿も素晴らしい。電車の窓枠が、ちょうど額縁のようになって、一層引き立って見えるのだ。

鹿児島からは、明治の傑物がたくさん育っている。その代表が大久保利通と西郷隆盛だ。彼らは、桜島の雄姿によって大きな心が育っていったのかも知れない。二人は、幼少時代から仲良しで、共に励まし合い大きく育っていったのだ。そして協力し合い、新しい日本の国づくりを成し遂げたのである。しかし、やがて二人は意見が対立し、西南戦争を起こしてしまうのだ。維新ふるさと館では、ロボットを使って、そのことを詳しく説明してくれる。

桜島

参考文献

日本史事典　旺文社
日本の旅　小学館
日本城郭事典　秋田書店
城のしおり　全国城郭管理社協議会
歴史年表　駸々堂出版

おわりに

以前、私は「素晴らしい日本　これだけは見ておきたい各県一か所の旅」を出版した。今回は、前回のものに加えて、見学場所をさらに増やして出版することにした。また、前回は白黒写真だったが、今回はカラー写真にした。

私にとって、旅は素晴らしい日本文化をより深く理解するためのものであり、それを築いてきた日本人の素晴らしさを学ぶためのものである。

日本全国を巡り歩いて分かったことは、日本には、素晴らしい文化遺産がたくさんあり、また、それを築いてきた先人たちの努力の素晴らしさである。

日本には、ここに載せたものの他にも、まだまだたくさんの名所旧跡がある。これらのものを見ないで過ごしてしまうのは、本当にもったいないことだと思う。一人でも多くの日本人に、この素晴らしい文化遺産について知ってもらいたいと思う。

この本が、その一助になれば幸いである。

令和二年三月

小板橋　武

著者紹介

小板橋　武（こいたばし　たけし）

1936年 神奈川県に生まれる。
1997年 小学校教員退職。
2006年 およそ10年をかけて全国の文化財を訪ね歩き、『これだけは見ておきたい各県一か所の旅』を出版。
2007年 随想舎から『宇都宮大空襲　一少女の記録』を出版。
2009年 随想舎から『戦時下の女学生たち』を出版。
2010年 随想舎から『少年とハト』を出版。
2011年 随想舎から『安善寺物語』を出版。
2012年 随想舎から『孝子桜』を出版。
2014年 随想舎から『栃木の宝物50選』を出版。
2018年 随想舎から『鉢の木ものがたり』を出版。

日本列島　見て歩こう

2020年6月11日　第1刷発行

著　者● 小板橋　武

発　行● 有限会社 随想舎
〒320-0033　栃木県宇都宮市本町10-3 TSビル
TEL　028-616-6605　FAX　028-616-6607
振替　00360－0－36984
URL　http://www.zuisousha.co.jp/

印　刷● 株式会社シナノ パブリッシング プレス

装丁● 齋藤瑞紀
定価はカバーに表示してあります／乱丁・落丁はお取りかえいたします
 ISBN978-4-88748-383-5